Destination Space

Destino: El Espacio

MOON
LA LUNA

Written by / Escrito por David and / y Patricia Armentrout
Translation by / Traducción de Santiago Ochoa

A Crabtree Seedlings Book

Un libro de El Semillero de Crabtree

Crabtree Publishing
crabtreebooks.com

Table of Contents

Índice

The Moon

After the Sun, the Moon is the easiest object for us to see in space. The Moon is more than one quarter of the size of Earth. It might appear close, but the Moon is about 238,855 miles (384,400 kilometers) from Earth.

La Luna

Después del Sol, la Luna es el objeto más fácil de ver en el espacio. La Luna tiene más de una cuarta parte del tamaño de la Tierra. Puede parecer cercana, pero la Luna está a unas 238 855 millas (384 400 kilómetros) de la Tierra.

Earth
Tierra

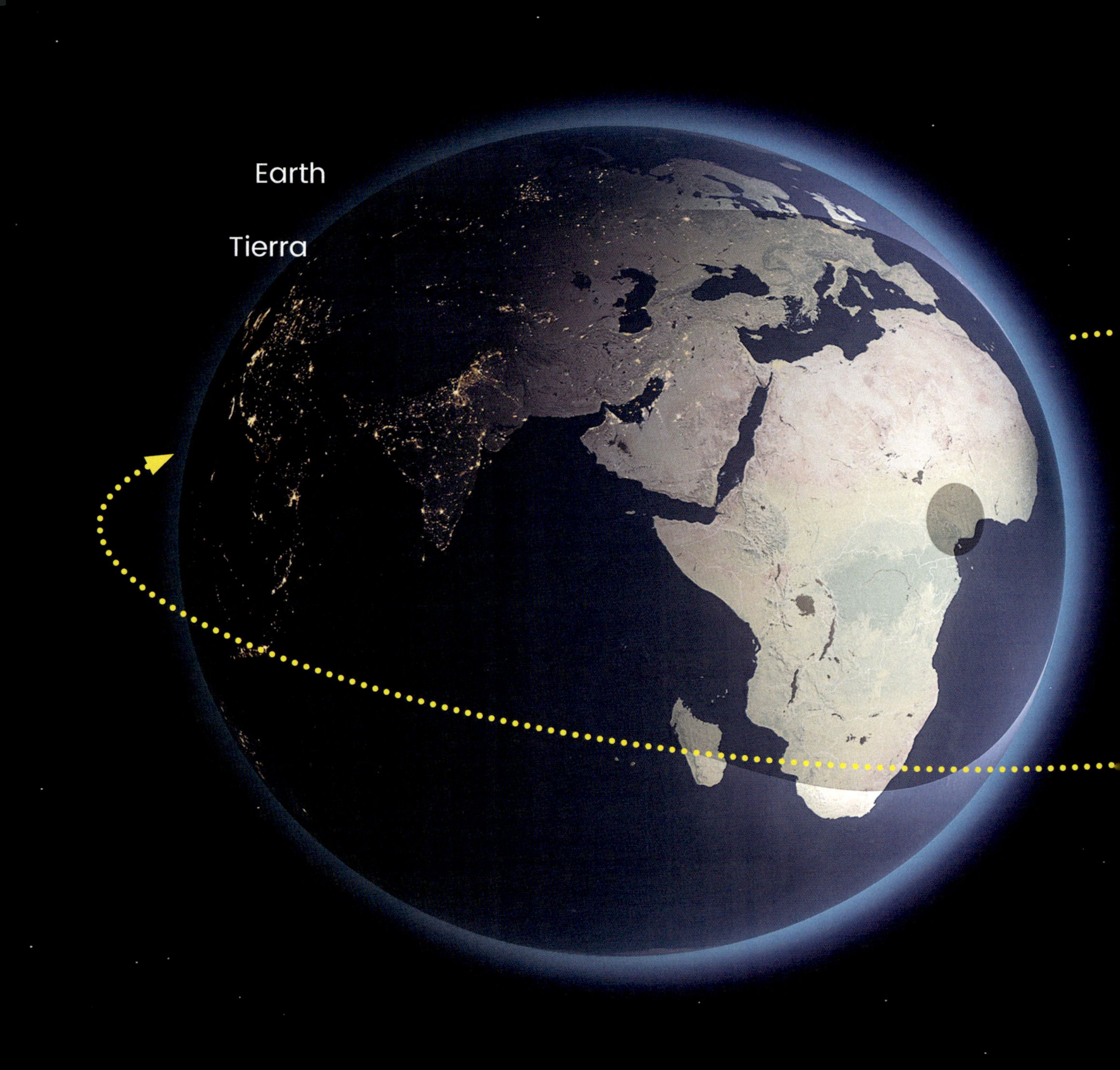
Earth
Tierra

A satellite is an object that **orbits**, or moves around, a larger object. Earth is a satellite because it orbits the Sun. The Moon is a satellite because it orbits Earth.

Un satélite es un objeto que **orbita** o se mueve alrededor de un objeto mayor. La Tierra es un satélite porque orbita alrededor del Sol. La Luna es un satélite porque orbita alrededor de la Tierra.

The Surface of the Moon

The surface of the Moon is mostly rock and dust. The Moon's landscape includes ancient volcanoes, mountains, and craters.

La superficie de la Luna

La superficie de la Luna es principalmente roca y polvo. El paisaje de la Luna incluye antiguos volcanes, montañas y cráteres.

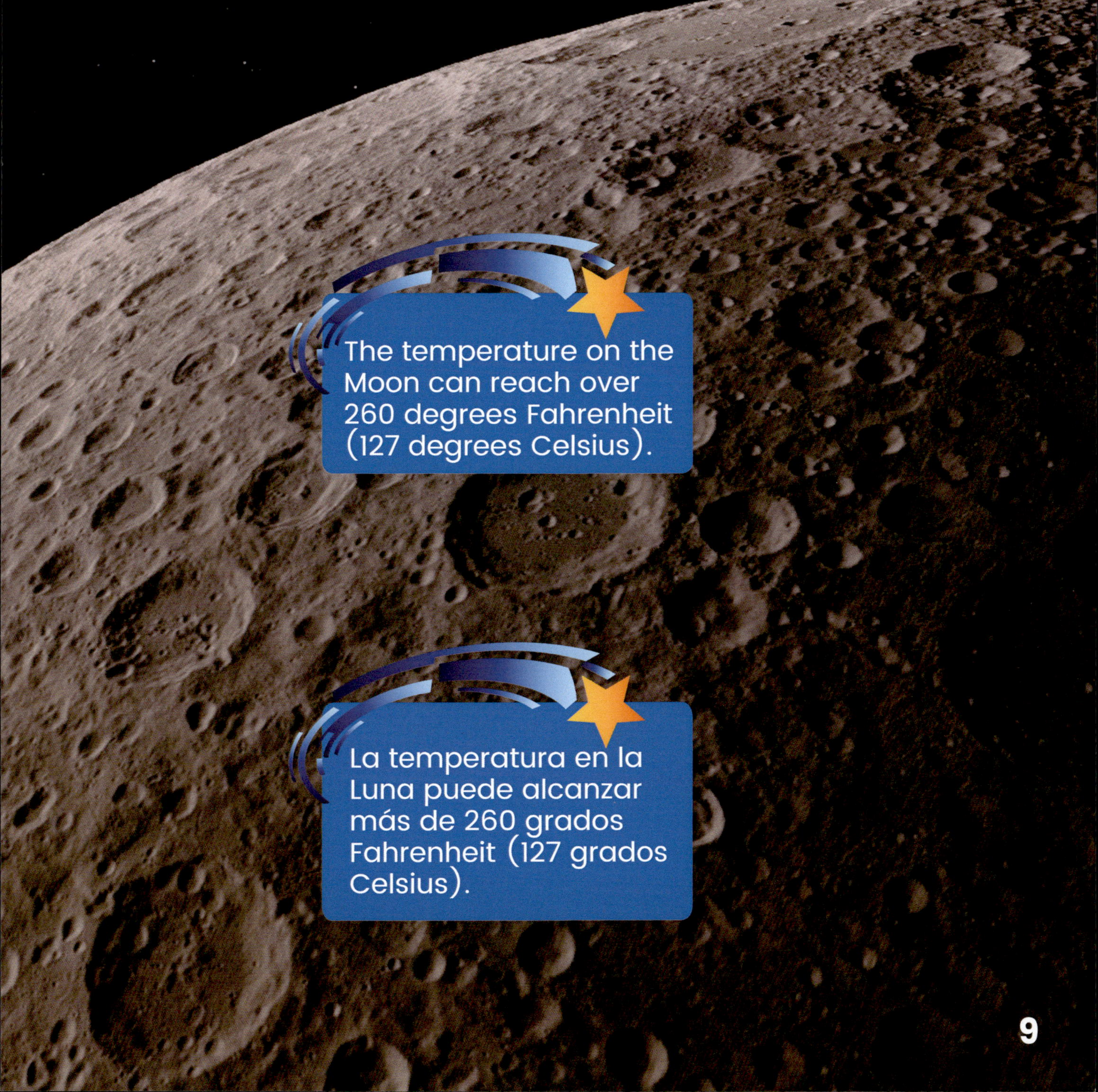

The temperature on the Moon can reach over 260 degrees Fahrenheit (127 degrees Celsius).

La temperatura en la Luna puede alcanzar más de 260 grados Fahrenheit (127 grados Celsius).

If you throw a ball up into the air, what happens? The ball goes up and then falls to the ground. The force that brings the ball back down is **gravity**. Gravity gives us weight and holds us to the ground.

How much would you weigh on the Moon? The Moon's gravity is much weaker than Earth's. If you weigh 100 pounds (45.35 kilograms) on Earth, you would weigh only about 16.5 pounds (7.5 kilograms) on the Moon.

Si lanzas una pelota al aire, ¿qué ocurre? La pelota sube y luego cae al suelo. La fuerza que hace que la pelota vuelva a caer es la **gravedad**. La gravedad nos da peso y nos mantiene pegados al suelo.

¿Cuánto pesarías en la Luna? La gravedad de la Luna es mucho más débil que la de la Tierra. Si pesas 100 libras (45.35 kilogramos) en la Tierra, en la Luna solo pesarías unas 16.5 libras (7.5 kilogramos).

Moon Phases

The Moon seems to change every night. Sometimes it shines brightly in the night sky. Sometimes it's not visible at all.

Fases lunares

La Luna parece cambiar cada noche.

A veces brilla con fuerza en el cielo nocturno.

A veces no es visible en absoluto.

The Moon shines because it reflects light from the Sun. As the positions of Earth and the Moon change, so does the portion of the Moon we see.

La Luna brilla porque refleja la luz del Sol. A medida que las posiciones de la Tierra y la Luna cambian, también lo hace la parte de la Luna que vemos.

Scientists call these changes Moon phases.

Los científicos llaman a estos cambios fases lunares.

Full Moon
Luna llena

During the **New Moon** phase, we can't see the Moon. The Moon gradually becomes visible as it moves through its phases. The Moon is at Full Moon phase when it appears bright and round.

Durante la fase de **luna nueva**, no podemos ver a la Luna. La Luna se hace visible gradualmente a medida que pasa por sus fases. La Luna está en fase de luna llena cuando se ve brillante y redonda.

The Moon orbits Earth in just over 27 days, but it takes about 29.5 days to go through its phases.

La Luna orbita la Tierra en poco más de 27 días, pero tarda unos 29.5 días en pasar por sus fases.

Sun

Sol

Only one side of the Moon can be seen from Earth. The side we don't see is sometimes called the dark side of the Moon.

Desde la Tierra, solo se puede ver un lado de la Luna. El lado que no vemos se llama, a veces, el lado oscuro de la Luna.

Men on the Moon

Apollo was a **NASA** space flight program. **Astronauts** made 11 *Apollo* space flights. In 1969, *Apollo 11* commander Neil Armstrong became the first person to walk on the Moon.

Hombres en la Luna

Apolo fue un programa de vuelos espaciales de la **NASA**. Los **astronautas** realizaron 11 vuelos espaciales en el *Apolo*. En 1969, el comandante del *Apolo 11*, Neil Armstrong, se convirtió en la primera persona en pisar la Luna.

Armstrong's famous words after stepping onto the Moon were, *"That's one small step for (a) man; one giant leap for mankind."*

Las famosas palabras de Armstrong tras pisar la Luna fueron: «Es un pequeño paso para (un) hombre, pero un gran salto para la humanidad».

NASA's last flight to the Moon was the *Apollo 17* mission in 1972. NASA is now working on a new space flight program named *Orion*.

El último vuelo de la NASA a la Luna fue la misión *Apolo 17* en 1972. La NASA trabaja ahora en un nuevo programa de vuelos espaciales llamado *Orión*.

Orion's mission is to take astronauts back to the Moon and beyond in the coming years.

La misión de *Orión* es llevar a los astronautas de vuelta a la Luna y más allá en los próximos años.

Glossary

astronauts (AS-struh-nots): People trained for space flight.
gravity (GRAV-uh-tee): A force that pulls and holds objects toward another object.
NASA (NASA): Short for National Aeronautics and Space Administration. A branch of the government responsible for the research and exploration of space and space travel.
New Moon (NOO MOON): When we cannot see the Moon lit by sunlight because it is between Earth and the Sun.
orbits (OR-bits): To travel in an invisible path around a larger object, such as a planet or a star.

Glosario

astronautas: Personas entrenadas para los vuelos espaciales.
gravedad: Fuerza que atrae y mantiene los objetos en dirección a otro.
luna nueva: Cuando no podemos ver la Luna iluminada por la luz solar, debido a que se encuentra entre la Tierra y el Sol.
NASA: Abreviatura en inglés de la Administración Nacional de Aeronáutica y del Espacio (*National Aeronautics and Space Administration*). Es una rama del gobierno responsable de la investigación y exploración del espacio y de los viajes espaciales.
orbita: Que viaja en una trayectoria invisible alrededor de un objeto mayor, como un planeta o una estrella.

Index

Índice analítico

School-to-Home Support for Caregivers and Teachers

This book helps children grow by letting them practice reading. Here are a few guiding questions to help the reader build his or her comprehension skills. Possible answers appear here in red.

Before Reading

- **What do I think this book is about?** I think this book is about Earth's Moon. I think this book is about the different phases of the Moon.
- **What do I want to learn about this topic?** I want to learn about why we don't see a full Moon every night. I want to learn about the astronauts' trips to the Moon.

During Reading

- **I wonder why...** I wonder why we can't see the Moon every single night. I wonder why NASA sent astronauts to the Moon.
- **What have I learned so far?** I have learned that gravity is a force that pulls and holds objects toward another object. I have learned that Neil Armstrong became the first person to walk on the Moon.

After Reading

- **What details did I learn about this topic?** I have learned that Neil Armstrong's words after stepping onto the Moon were, "That's one small step for (a) man; one giant leap for mankind." I have learned that it takes just over 27 days for the Moon to orbit Earth.
- **Read the book again and look for the glossary words.** I see the word ***orbits*** on page 7, and the word ***gravity*** on page 10. The other glossary words are found on page 23.

Apoyo escolar para cuidadores y profesores

Este libro ayuda a los niños a crecer permitiéndoles practicar la lectura. A continuación se presentan algunas preguntas orientativas para ayudar al lector a desarrollar su capacidad de comprensión. Las posibles respuestas que aparecen aquí están en color rojo.

Antes de leer

- **¿De qué creo que trata este libro?** Creo que este libro trata de la luna de la Tierra. Creo que este libro trata de las diferentes fases de la Luna.
- **¿Qué quiero aprender sobre este tema?** Quiero aprender por qué no vemos la luna llena todas las noches. Quiero aprender sobre los viajes de los astronautas a la Luna.

Durante la lectura

- **Me pregunto por qué...** Me pregunto por qué no podemos ver la Luna todas las noches. Me pregunto por qué la NASA envía astronautas a la Luna.
- **¿Qué he aprendido hasta ahora?** He aprendido que la gravedad es una fuerza que atrae y mantiene a los objetos en dirección a otro. He aprendido que Neil Armstrong fue la primera persona que pisó la Luna.

Después de leer

- **¿Qué detalles he aprendido sobre este tema?** He aprendido que las palabras de Neil Armstrong tras pisar la Luna fueron: «es un pequeño paso para un hombre, pero un gran salto para la humanidad». He aprendido que la Luna tarda algo más de 27 días en orbitar la Tierra.
- **¿Qué detalles he aprendido sobre este tema?** Veo la palabra **orbita** en la página 7 y la palabra **gravedad** en la página 10. Las otras palabras del glosario se encuentran en la página 23.

Crabtree Publishing

crabtreebooks.com 800-387-7650

In Canada: We acknowledge the financial support of the Government of Canada through the Canada Book Fund for our publishing activities.

Paperback 978-1-0398-5282-2
Ebook (pdf) 978-1-0398-5296-9
Epub 978-1-0398-5289-1

Printed in Canada/022024/CP20240118

Published in Canada
Crabtree Publishing
616 Welland Avenue
St. Catharines, Ontario
L2M 5V6

Published in the United States
Crabtree Publishing
347 Fifth Avenue
Suite 1402-145
New York, NY 10016

Written by: David and Patricia Armentrout
Print book version produced jointly with Blue Door Education in 2023

Photo Credits: Cover ©Juergen Faelchle; Page 2 © Castleski , Page 4-5 ©Dima Ze; page 6-7 ©Naeblys; page 8-9 ©Nostalgia for Infinity; page 10-11 © melis; page 12-13 ©Mr.Suchat; page 14-15 ©Juergen Faelchle; page 16-17 © robert_s; page 18-19 ©sebikus; All photos from Shutterstock.com except page 20-21 courtesy of NASA

Library and Archives Canada Cataloguing in Publication
Available at the Library and Archives Canada

Library of Congress Cataloging-in-Publication Data
Available at the Library of Congress